JN409105

짝사랑

짝사랑

김종문 시집

해암

| 시인의 말 |

행복이 무엇인지도 모르면서 행복을 찾아 앞만 보고 달렸습니다. 벽에 부딪혀 좌절도 했었고 낭떠러지 난간에서 동전 몇잎에 팔려 죽을 고비도 수없이 넘겼던 순탄하지 않은 인생길, 때로는 너무나 고달파 나 자신에게 된 욕설도 퍼부었습니다.

스무고개를 넘어 뒤돌아보니 왜 그리 바빴나 가다가 샛길로도 가보고 언덕 아래 무엇이 있는지 살펴도 보며 천천히 왔어도 되는 것을 한세월 몸뚱이 팔아 삶을 지탱하면서 오늘은 혹시나 그 어떤 좋은 일이 있을까 하늘에서 돈 비라도 쏟아진다면 얼마나 좋을까 그릇된 생각을 가끔은 하기도 했습니다.

콩 심은 데 콩이 열리고 가꾸지 않으면 가을이 슬프다며 세상천지에 거저가 없다는 논리를 어릴 적부터 귀가 닳도록 들었건만 꿀을 찾는 벌떼는 꽃을 보면 야멸차게 날아와 단맛 쓴맛 다 가지고 냉정하게 돌아서는 파렴치한처럼 세상을 빗대어 누군가 다가와 언 가슴을 따뜻하게 녹여주길 바랐습니다.

가진 게 적으니 베푼다는 생각은 아예 하지도 않았습니다. 그러나 가난한 사람들이 남을 더 많이 생각해 주고 아낀다는 것을 늦게야 알았을 때 후회도 있었습니다.

목이 마를 때 한모금의 물이 얼마나 달콤한지 겪어보지 않고는 알 수가 없습니다.

이젠 내가 그대의 허기를 달래 줄 한술의 빛이 되리라 다짐을 하며 비 오면 비에 젖고 꽃을 보면 예쁘다는 표현도 해가며 그렇게 깨달아 가겠습니다.

돈도 안 되는 글을 뭐 한다고 책상만 붙들고 있냐고 하던 아내도 마음이 변해가는지 긍정적으로 말을 합니다. 그렇습니다. 책상에 앉으면 모든 잡념이 사라지고 몇시간이든 글 속을 헤매는 시간이 제게는 가장 행복합니다.

먹고 살기 바빠 달려온 한 시절이 나를 아프게 하였어도 초교 시절 때부터 국어 시간을 좋아했던 기억이 새롭습니다. 시가 좋아 무턱대고 글을 쓴 그 긴 세월, 우연스레 문학박사 황갑윤 한국 시낭송회장님을 만나면서 새로움이 시작되었습니다.

병실에서 사경을 헤매는 당신께 잘나지 못한 글을 들고가 퇴고를 바랬던, 부끄러움이 있어도 아껴주는 마음을 알았을 때 그 또한 행복이 아닐런지요. 얼마나 더 괴롭힘을 드려야 될는지 모르나 그분은 언제나 저를 이쁘게 안아 줄겁니다.

머리글을 빌어 감사의 말씀을 전해 올립니다.

2019년 5월

시인 김종문

| 시집 발간을 축하하며 |

김종문 시인은 오랜 친구로서 먼 길같이 할 나의 백 년 지기다. 그러기에 평론보다는 수다를 이야기하고 싶다.

그의 창작 세계를 다 알 순 없겠지만 감성 어린 성품이나 살아온 세월을 돌아보면 그를 알 만도 하다. 평생을 빌딩 관리에 벗하며 힘든 일을 하였어도 거친 직업과는 달리 그토록 아름답고 순수함은 어디에서 나온 것일까. 험한 세상에서 부딪치고 찔리며 허덕여 온 세월이 아마도 창작의 바탕이 되지 않았을까.

가슴을 휘어 감을 듯한 굽이쳐 맴도는 여울목의 한탄을 표현할 때 숨이 끈길 듯한 진한 감동은 누구도 그의 세계 속을 모방 없을 것이다. 그런 그가 내 친구인 것이 자랑스럽고 때론 부럽기도 했다.

많은 작품이 여러 문단으로부터 인정을 받아 우수작으로 선정되는 것은 물론 외국의 유명 대학교에서 문학박사 학위를 받는 등 그런 친구에게 우리는 박수를 보내며 앞으로도 왕성한 창작 활동을 통해 고귀한 시를 즐길 수 있는 기회가 지속되길 빌며 우리의 많은 친구들과 함께 축하의 인사를 갈음합니다.

2019년 5월

문학 평론가 홍 재 연

| 차례 |

1_ 사과

사과 _ 17
만남 _ 18
3월 _ 19
간이역에는 _ 20
가을길 _ 21
가을에 만나고 싶은 사람 _ 22
갈대 _ 23
거제도 바닷길 _ 24
게들의 전설 _ 25
감천의 추억 _ 26
겨울날의 봄비 _ 28
고등어 정식 _ 29
고추잠자리 _ 30
고향 _ 31
공 _ 32
과메기와 명품 _ 33

2_ 꿈꾸는 파도

군자란 _ 37

그 길에는 _ 38

그 남자 _ 39

그날 _ 40

그대에게 _ 41

짝사랑 _ 42

개떡 _ 43

그곳 _ 44

그리움 너머 _ 46

가시꽃 _ 47

깨달음에 _ 48

꿈꾸는 파도 _ 49

나무 _ 50

나의 수첩 _ 51

낙엽의 계절 _ 52

달맞이 꽃 _ 53

당신 _ 54

당신 1 _ 55

3_ 당신에게

동그라미 _ 59
동무야 동무들아 _ 60
돛 _ 61
당신에게 _ 62
붉은 어둠 _ 64
두번째의 삶 _ 65
디지털시대 _ 66
립스틱 그녀 _ 67
마음을 열면 _ 68
말과 침묵 _ 69
맛있는 사람 _ 70
모과 _ 71
목련이 피면 _ 72
그 목소리 〈세월호〉 _ 73
무더위와 시내버스 _ 74
벚꽃 _ 75
가뭄 _ 76

4_ 선술집

벼랑 끝에서 _ 79

병실과 사과 _ 80

보리야 _ 81

봄비 _ 82

선술집 _ 83

붉은 유월 _ 84

비에 젖는 밤길 _ 85

빌딩 위의 삶 _ 86

산다는 건 _ 87

새것 _ 88

새해 _ 89

산 _ 90

석류 _ 92

7월 _ 93

성냥갑의 진실 _ 94

수술하던 날 _ 95

삼류사회 _ 96

5_ 일장춘몽

슬픈 계절 _ 99
소년의 꿈 _ 100
시내 _ 102
시의 미학 _ 103
신년 _ 104
아들아 _ 105
아흔의 노래 _ 106
안부 _ 107
약속 _ 108
약속과 신호등 _ 109
양생 중 _ 110
어매 _ 111
어제 _ 112
여름 _ 113
열풍 _ 114
인생사 _ 115
일장춘몽 _ 116

6_ 초록 시절

진달래 _ 119
직장에는 _ 120
천년지기 _ 122
천사의 노래 _ 123
첫눈 _ 124
초록 시절 _ 125
초열 _ 126
촛불 _ 127
카카오톡 _ 128
평생 친구 _ 129
표절 인생 _ 130
풀씨가 가는 길 _ 131
풀잎의 노래 _ 132
화가와 고뇌 _ 133
회색 세월 _ 134

1부

사과

사과

내 창고엔 맛난 과실이 가득합니다
붉게 영글어 가는 들을 보며
펴 드릴 임들을 찾고 있지요
억수같이 내리는 빗속을 뚫고
하얗게 밤을 쏟아 엎기도 하며 일궈냈습니다
가뭄에 들이 타면
비를 내려 달라 애원을 하며 수 없는 떼를 썼습니다
덜 익은 사과도 있으리오만
거친 폭풍우의 소용돌이에 휘말리는
이상의 세계를 꿈꿔온
풋과일의 신선한 그 맛
임들이시여
예쁘게 깎아 드시면 더한 맛도 즐길 수 있을 겁니다
알알이 맺힌 정성의 결정체
갈잎의 쓰인 애잔한 환희도 보일테요
당신에게 창고 키를 드릴 테니
잘 익은 과실을 가득가득히 담아나 가소서
새콤달콤한 맛을 가져가소서

만남

만남은 그리움의 시작입니다
손닿지 않은 곳에 숨긴 행복
까치발로 꺼내어
무지갯빛의 즐거움을 나누어 봅니다
이별 없이는 만남의 기쁨이 없듯
삶의 거친 내음이 고약하여도
버릴 수는 없는 것처럼
청양고추 같은 매운맛을 숨기고
개그꾼 같이 웃음을 쇼하면서도
날마다 우린
행복 찾아 그리움 속을 허덕이며
지름길을 택하는지도 모릅니다
이별 뒤에 젖어오는 아픔을 알면서
새로움을 또 이렇게 생각하며
밑지고 판다는
장사치의 농간에 속고 후회하면서도
계산 없는 순수의 만남을 그려 봅니다

3월

살점을 도려내는 듯한
아픔을 견뎌내며 봄을 꿈꿔 왔다
얼음을 건져 낸 볕은
포도의 달콤한 맛은 아닐지라도
싱그러움을 즐기리라 생각했는데
3월은 까탈스런 여인네의 변덕 어린 성깔 뿐이었다
잠겨버린 시간은
말라비틀어진 억새 숲의 울음에 묶였고
생사를 넘나드는 길목에는
살아 있음을 미소라도 지어야 했을고
유난을 떨던 겨울은
소문난 잔치에 등을 돌려야 했을
망치로 얼음을 깨뜨리는 수난의 연속이었다
희망을 접은 줄만 알았던 보푸라기 같은 홀씨는
고이 간직해온 한을 토해냈을 때
여린 계집아이의 찔끔 거리는 눈물과는 달리
살며시 그리고 가슴 벅차게 환호했을
신화의 신비였다
아기 잎새 어루만지는 봄비처럼
3월은 그렇게 애만 태우다가 흐느끼며 떠나갔다

간이역에는

눈먼 철로 위로
까맣게 내린 눈
녹슬은 저 열차는
빛나던 그 날을 기억이나 하는지
기적을 뽐내며
어디론가 달려갔던
꿈같은 세월
봄을 기다리다
푸르렀던 한켠에서 사라질지언정
떠나지 못하는
역장의 뇌리에
동화 같은 추억 꺼내 들면
그날의 굉음
다시 달아오를 수 있을까
텅 빈 역사에는
하얀 여운만이 쌓입니다

가을 길

제철 맞은 국화는
빛을 더해가는데
난 떨어져 나가 앉은
가을을 붙잡으려 하고 있다
강가에 쇄버린 갈대는
내 맘 같을까
야위어 가는
가을언저릴 가늠질 하며
더 늦기 전에 무엇이든 붙잡아야 했다
바람의 심술같은
북소리 장단에
속 타는 궁상만 날갯짓 할 뿐
끝없는 추락을 한다

가을에 만나고 싶은 사람

내 영혼을
붉게 물들일 수 있을
가슴이 따뜻한
그런 사람을 이 가을에 만나고 싶다

걸어온 길 달라도
슬픈 계절을 같이 아파하며
손잡고 먼 길 갈 수 있을
그런 사람이면 얼마나 좋을까

장미처럼 뜨겁고
가을 햇살같이 해맑은
새콤한 사랑을 펴줄 수 있을
그런 사람이면 좋겠다

어둠이 찾아들면
화롯가에 앉아 별을 헤아리며
겨울을 기댈 수 있을
그런 사람을 이 가을에 꼭 만나고 싶다

갈대

너의 흔들림은
바람 때문만이 아니란 걸
미처 알지 못했다
속삭임으로 때론 거칠게 다가와
수많은 갈등을 호소했지만
슬픈 이야길 들었을 때는
겨울도 깊은 후였다
너로 인하여 작은 깨우침이 뼈마디에 남아
쓸모없이 버려졌을 때에
비로소 목멘 너의 목소릴 않고 한없이 울었다
귀를 열어도 듣지 못했던
푸른 날의 영혼은 늪으로 빠져들고
퇴색되어 허리춤을 비집고 든
찬바람은 이제 따사로울 뿐이다
너처럼 거추장스런 옷을 벗었다
욕망에 얼룩졌던 부끄러움도 남김없이 버렸다
짧은 햇살뒤의
낮달이 되어져 가겠지만
봄을 기다리는 간절함은 너와 같을 테지

거제도 바닷길

짭조름한 갯바람에 잠긴
해저터널
엄청난 난이도의 기술이 깃든
신비스러움이 잠재해 있는 바닷길
봄 바다의 풋내음은
가슴을 연 여인네의 홍조 띤 모습처럼
바닷사람들의 거침을 숨긴
아픈 숨결과는 사뭇 다른
강하지 않으면 지켜낼 수 없었던
찌든 삶이 설킨 반복된 고난이 아니었을까
귀를 기울이면
새벽을 감싸 안는
살폿한 물안개는 순수 같은 그리움이었고
밤을 밝히고 어귀로 들어오는
고깃배의 향연은 만선의 기쁨보다
아내가 반기는 정성이 먼저였을 것이다
희뿌연 조명등 아래
아련한 기억들이 바닷길 따라 새롭게 피어나면
해조음을 동아맨 억눌림의 음률이
뜨겁게 분출하는 해저 60m를 지날 때
육지와 섬들이 가쁜 숨 토해내며
선명한 바다 위를 여울져 갑니다

게들의 전설

달빛 고요에 부서져
어둠 속으로 젖어 들면
또 다른 세상이 펼쳐지는 신비의 갯펄
깨금발로 적막을 딛고
치켜세운 두 눈 위로 소리 없이 외치는 함성
점령군이 사수할 위대한 전쟁
그것은 신들린
병정들의 후퇴 없는 전진이었다
무자비했던 천적들의 펄 밖으로 쫓겨 들면
밤이 내어준 새로운 세상이 열리다
그들에게는 누구를 즐겁게 하는 익살도
곰살맞은 재주도 없다
왜 사는지 알려 하지도 않았다
자연이 빚어 준대로 펄속의 진주를 캐야 하는
순리를 따를 뿐이다
그 또한 살아남기 위한 전술이 아닐까
그믐이 가까워 오면 바다속 여행을 떠나리라
등짝이 달덩이만큼이나 커지면
그때 돌아와 당신의 품을 찾으리라

감천의 추억

고개 만당에서 내려다보면 한 폭의 그림 같은
이곳 감천
거친 목공의 솜씨는 숨어 버리고
곱게 빚어낸 수채화의 아름다운 정감이 넘치는 듯
미로 같은 골목길은
밤하늘의 별자리처럼 오묘하게 설켜 있고
올망졸망 늘어선 판잣집들은 향수가 깃든
어린 날의 고향입니다
골목골목은 놀이터였고 가난의 목마름은
아픔보다 깊었습니다
저마다의 사연속에 희망을 찾아 고향을 등진
어리석음의 수난
하루아침에 뒤바뀐 도심살이는 날개 잃은 새와 같았고
그 어버이들의 고난은 얼마나 참담하고 막막했을까
많은 이들이 산 중턱에 잠들고
더러는 숨어지듯 소문없이 어디론가 가버렸습니다
남은이들의 설움은 끝내 감천을 꽃피웠고
마음대로 산에도 갈 수 없었던 그 시절
자루를 숨겨들고 옥녀봉 곳곳에서 깍지로
마른풀잎 낙엽을 끌어 담다가
땀을 훔치며 쉬노라면
저 멀리 낙동강 하구의 노을이 내려

빛에 반사된 풍경은 너무나 아름답고 신비스러워
지금도 잊을 수가 없습니다
첫 닭이 울면 잠든 바람도 깨어야 했던 북적거리는
감천 시내를 잇는 아미동 비탈길은
시장통같이 붐비고 아미동 사람들의 텃세에
순진했던 감천의 사람들은 많이도 힘이 들었습니다
그러다가 버스가 들어오면서 생활은 윤택해져 가고
음식점을 펼쳐만 놓으면 호황을 누렸다는
훗날 이야기 곳곳에서 피땀으로 뿌리를 내린 이웃들은
알게 모르게 떠나가고
코 흘리던 아이는 어느덧 백발이 되어
동리의 지킴이가 되었습니다
관광지로 소문이 나면서 세상 사람들의 발길이
끊이지 않는 유명지가 된 감천
판자 집은 간곳이 없어도 변하지도 변할 수도 없는
도심 속의 오지로 옛날을 간직한 감천
그 아픈 과거사를 누가 알리요만 상처가 있기에
오늘이 있지나 않을까
이제는 모르는 이가 없을 정도로
세계 속의 유일한 관광지
부산에는 감천문화마을이 있습니다

겨울날의 봄비

저무는 이 계절을 살폿하게 적시는 것은
봄을 기다리는 성급함 때문일까
떠나야 할 석별 앞에
개나리 꽃잎까지 잘 그려 놓고
나비를 그려 내지 못하는 건
그리움에 애태우는 목마름이었을까
먼 길 떠나려면
두고 갈 것이 무엇이던가
몸을 감싸는 것은 사치다
스스럼없이 모두 벗어 버려야 했으리라
거칠게 일던 메마름이 비에 젖는다
무거움을 감추고 애써 미소짓던 여린 그 모습
낮달을 가리고 쏟아낸 눈물은 연두빛이다
그것은 자아성찰 같은 아픔에서 얻은 기쁨이 아니었을까
남녘에서 빚은 간절한 봄님이 꽃바람에 실려
영도 봉래산 운무 내리듯
광복로 젊음 속을 맴돌다 잠깨인 봄
수많은 병정들을 거느린 화신
하늘나라로 마실 갔던
임의 영혼이 다가올 새봄을 생각하며
멀지 않은 날의 환희를 꿈꾸고 있을 것이다

고등어 정식

오후가 늦어서야 점심을 든다
창자가 끊길 듯한 아픔에
지독히도 긴 밤을 새웠다
틀어지는 속을 애써 미소지며
지폐 몇 잎보단
약속이 흔들렀기 때문이다
모래알을 씹는 것 같은 된맛을 삼키며
밋밋한 내 삶이
먹다 남은 자반고등어의 갈 곳을 알기에
잊고 산 시간들을 생각하게 한다
나만 무거움을 지고왔나
쉽게 갈 수 있는 길을 황소고집 부리다가
팔아버린 젊음 한 토막을 쓴웃음으로 날려본다
멀건 두꺼비 눈은
한술 밥에 앞이 보인다
찢어진 새벽을 추스릴 때처럼

고추잠자리

빨간 햇살을 닮은
고추잠자리
지난밤 무서리의 아픔을 기억하는지
아침이 붉어서야
살아있음을 미소지며
어제를 잊고 파닥이고 있다
곧 다가올
추위를 알고나 있을까
한 뼘도 남지 않은 이 가을
허물어지는 마음
날개 얼어붙어도 파란들이 그리워
낯이 부어주는
햇살만이 그저 좋을 뿐이다
찬바람에 휩쓸릴
주검보다 깊어 질 다가올 밤의 추위를
잠자리는 알려 하지 않았다

고향

첩첩산중 느와집
비창가리 그 곳은 나의 고향
전쟁의 상처는 고향을 등지게 했고
무작정 떠내려온
악마의 소굴같던 부산
배고픔은 철부지들마저 도깨비로 만들고
눈만 살아 반짝거리던
어린날의 기억은 어제일 같다
가난을 엄청나게 미워했지만
한평생 그 굴레를 벗어나지 못하고 살면서
어버이 그래듯
나 역시 취기가 돌면 아련한 아픔 속을 맴돈다
오막살이였어도
늘 마음이 찾는 그리운 그곳
돌아가리라 버릇처럼 입에 달고 다니던
당신의 한이 옮아 왔나
어쩌다의 시골 여행은
가슴이 먼저 평온을 느끼게 하였고
떠나야지 돌아가야지
말만 뇌아리며 타향살이 하소연은 미련에 갇힌다
초록 세월 검붉게 물드니
돌아가야 할 그곳이 어디메이련가

공

거짓을 덮는
저녁이 내리면
검게 묵인 묵언을
별빛을 가져다 꺼내리다
낮의 온기
한 가닥의 입김처럼
어둠에게
목숨을 바쳐
달 속에 성을 쌓는 공허에서
새벽종이 울릴 때
난 새가 되어
떠나갈 것이다

과메기와 명품

여우 짓을 하는 갯바람은
정성을 쏟아부은
순이 어미의 그을린 얼굴만큼이나
짭쪼름하게 행복을 익게 하는 것이었다
꽁지를 치켜들고 살랑대는 과메기
누군가의 입맛을 녹일 명품으로 거듭나길 빌며
햇살과의 밀어를 귀 기울여 보면
멀리 출가한 딸아이와 아랫목에 발 담그고
속삭이던 엊그제같이
잘 있으려나
애타는 어미의 안부는 눈시울 적시고
멀어져가는 뱃고동 소리는 사공들의 노랫가락처럼
만선을 싣고 오길 빌어보는 간절한 기다림이었으리라
새벽을 할퀴고 나간 거친 성품의 아비
바쁨을 든 채 멍하니 바라보는 하늘 저쪽
마음이라도 넉넉히 싸들고 딸에게 달려가
넋두리 늘어 놀 생각에 어서 빨리 과메기 실려 나가길
그려 보는 가슴에 도사리고 있을
순박한 그녀의 꿈 하나는
놀부가 되고 싶었을지도 모르는 것이리라

2부

꿈꾸는 파도

군자란

외로움에 젖어
쓸쓸히 자리를 지키다
찾아온 병마
설은 미소로 창밖을 쳐다만 보다가
끝내
별을 보지 못한 채
붉은 여운은 가시로 남기고 저간 꽃이여
차가운 그늘에서도
잃지 않은 푸르름은
가신님의 그리움 때문 인가요
바람이 잠들 듯
기약 없는 이별은 저간 꽃의 눈물인가요
빛을 잃은 잎새
가슴을 찢는 아픔으로 남아
새순이 돋아나길
애타게 지켜보고 있습니다

그 길에는

벗을 불러
댓님을 갈아매고 친구집엘 갔다
지푸라기라도 잡으려는
그가 안쓰러워
편히 가라 말 못하고
냄새 없는 변명만
마른 명태처럼
말라깽이 된 친구는
떠날 짐보따리의 이유를 알고나 있는 듯
내려놓는 모습에서
인생의 회유를 엿보며
동화의 나라로 같이 가자 했거늘
가자미눈을 한 친굴 차마 볼 수 없었다
낼 모레쯤에
한 줌의 재로 남을 그의 앞에
속내 들고나와 친구와 실컷 울었다

그 남자

노을 가에 서서 침묵 하고 있는 저 남자
하늘숲을 팔아오던
붉은 날의 생각 때문일까
작은 손으로 도심을 안고 빌딩을 씻어내리던
하얗게 타버린 세월을 주워 담으며
젊음이 휘여감던
바람, 구름 그리고 태양의 열기 속에
날개를 접은 작은 새는
마음을 씻고 구름처럼 흘러가더라
그의 손길에
거북이 눈을 한 별들이 반짝거릴 때
부으면 넘치는 넉넉했던 그 시절
마음까지 채워주려
내가 아닌 우릴 위하여 부릅 튼 가슴에 쉼을 거절하며
오아시스를 찾아 젊음을 팔던
그 남자의 뜨거움이 노을 속에 식어가고 있다

그날

장막에 갇혀
어둠의 문턱을 셀 수 없이 넘나들며
숭고했던 인내의 저편에서
서럽게 쏟아 낸
환희의 눈물
가증스런 고리를 풀어헤치니
이 새벽을 다시 밝혀 춤을 추리라
푸른 선달은
태양의 숨결을 받아 안으니
장미의 계절을 열망해 온
그날처럼
황무지에서 독버섯의 군림을 쓸어넘기고 일구어냈던
아침을 생각하며
저미는 그곳까지 손 내밀어 함께 가리라
뜨거운 가슴이 빗어 내리던 날
설한 속에서 꽃을 피우니
당신이 다시 써야 할
새 역사를 맞으며

그대에게

그대가 필요로 할 때
한 줌의 소금이고 싶습니다
먼지 쌓이는 구석에서 잊어버린 우산이 된다 해도
눈길 한번 주지 않아도
그대 곁에 머물 수 있는 것만으로 행복합니다
세찬 바람이 몰아쳐도
망부석처럼 당신을 바라보겠습니다
힘들어 지칠 때면
쉬어 갈 수 있게 그대만의 자리를 보아 놓겠습니다
언제까지나
비 오는 날의 우산이 되어
나의 진심이 그대 마음속에 닿을 때를 생각하며
그런 날이 올 때까지 기다리겠습니다
내가 사랑하는 세상 속의 오직 한 사람
따가운 볕을 가려주고 비를 받쳐 줄
그대의 영원한 우산이 되고 싶습니다

짝사랑

몰래 바라다본 꽃이
더없이 아름다워
사랑한다 말할까 아니 못하고
돌아서서 다시 봐도 네가 좋은걸
순한 악을 지닌 것 같은 너
네게서 느끼는 묘한 연정

그림 보듯 곁을 맴돌다가
냉가슴만 둥실
고백하고 싶은 생각 간절하건만
애태우는 마음 너는 알까
눈길마저 숨긴 네게 다가가지 못하고
저 홀로 해야 했던 짝사랑

개떡

목이 마른 저녁 해가
손가락 끝에 걸려 숨바꼭질하고 있다
부엉이를 닮은 형제가 봉당에 앉아 해가 지기를 기다린다
눈빛들이 날름거린다
개떡이 광주리 안에서 춤을 춘다
셋째야 망을 봐라 엄마 알면 큰일이다
목마를 태워 따온 개떡
빈 광주리 속에 달빛이 무겁게 내려 앉는다
먹구름이 몰려온다
내일 아침 끼니였는데 알리 있었을까
뇌성이 치고 폭우가 쏟아졌다
폭풍우 지나간 쑥대밭을
된장을 처매며 호호 불어 뒷정리하는 할매
애처러워 흘리던 엄마의 눈물
왜 그렇게 배가 고팠을까
한 세월 다 지나도 잊을 수 없었던 옛일들
오늘은 왠지 개떡이 생각난다
꿈속의 어머니
광주리 채 들고 와 넌지시 날 놀리고 가신다
기척 소리에 창을 여니 누가 가져다 놓았을까
쑥떡이 쟁반에서 웃고 있다

그곳

하얀 얼굴에 검은 두건을 두른 이가 날 찾는다
두려움 있었지만 가벼이 따라나섰다
가는 길이 낯설지 않은 아는 길 같았고
그곳은 생각과는 달리 형언할 수 없는
묘한 평안을 느꼈다
아름다운 여인들의 숨결이 보였고
처음 본 그 무엇들이 유혹을 하듯 했다
잘 익은 술상 앞에 좌정하니
시녀 금반을 들고 다가와 시중들며 편히 즐기라 한다
세상천지 이렇게 맛난 술이 있었을까
술에 취해 황홀에 취해 한번도 뱉지 못했던
쾌재를 불렀다
또 한곳에 다다르니
신비스런 차를 권하며 찌든 모든 것을 삭혀 준다 했다
어디였을까 꿈속일까 상상만 했던 하늘나라였을까
이 좋은 곳을 내 어이 몰랐었나
은전 한 잎 가져오지 못할 것을
왜 그리 찌질하게 살았는지
고단했던 인생길 뒤돌아 볼 적에
손때 묻은 저 세월도 병들으니 돌아앉는데

여보시요 이 좋은 곳을 알긴 알겠는데
난 아직 할 일이 남아 돌아가야 되오
네 이놈 하도 아프게 살아 보우하려 했더니
무슨 미련이 남아 가려 하느냐
네 생이 다했으니 부질없는 생각을 말고
이곳에서 오만 년 부귀를 누리거라
그럼에 앞서 삼일을 줄 터이니 끝맺음 잘하고 오시게
인생은 무엇이고 삶이란 무엇인가
무거운 보따리 훌훌 털어 버리니 맺힌 한이 있으리요
작별의 시간이 다가오니 마실 가듯 떠나리라
그곳의 하루는 이승은 일 년이라 했던가
호탕하게 웃음 뿌리며 사흘을 소비하면
그곳으로 가리다

그리움 너머

차가운 달빛을 숨긴
구름의 동무와 밤을 수놓아
하얗게 산등성을 덮더니
새벽부터 까치가 울어댄다
보고 싶어 들렸다는 꿈속 이야기
다 미뤄놓고
추위를 쓸고 쓰다듬어
품속에서 꺼낸 정성
김은 올라 퍼지는데
손도 아니대는 어머니는 대답도 없다
그리워 왔는데
보고 싶어 먼 길 달려왔는데
바람이 흔들어도
목메어 외쳐도 무정하게 잠만 잡니까
어서 일어나셔서 손 한번 잡아나 주오
어머니여

가시꽃

여린 꽃 한 송이
가시넝쿨 속에 곱게 피어 있었네
그 자태 아름다워
첫눈에 빠지고 말았네
돌담으로 둘러싸여 다소곳 피어 뽐낸 꽃
향기만큼이나 뜨거움이 가슴을 찔러
누가 꺾어버릴 것만 같아
숨겨둔 내 마음을 모두 드렸네
햇살의 시샘도
바람의 놀림도 뒤로 했네
가시에 찔리면서도 활짝 날개 폈던 날
세상을 다 가진 것처럼 좋아라 춤추었네
억센 것 같은 가녀린 가시꽃
모진 풍파를 이겨내고
메마른 들에 숲을 일구었네
꽃나비 노니는 모습을 보며 행복해하더니
못다한 세월의 상처가 병이 되었나
돌담 무너져도 향기 잃지 않더니
돌아눕는 어깨너머로 깊은 시름을 보았네
밤벌레 울음소리는 내 가슴을 애달프게 하네

깨달음에

실바람에도 흔들리는
갈대 같은 인생길
젊음을 빗대어 세상을 가지려 하니
겁냄이 무엇이던가
목에 깁스를 했으니 숙이지도 아니했으리라
행복 찾아 떠돌다가
어느 날에 다가온 불행 앞에
찾는 것이 어머니요 하늘이라
내 깊은 곳에 하늘 계시건만 왜 등한시했는지
가쁜 숨 몰아쉬며 사경을 헤매일 때에
어둠이 걷히는 순간을 보았소
한줄기 빛
육체를 휘어 감아 짜릿함을 느낄 때
옴짝 할 수 없던 몸에 생기가 돌고
언제 아파했던고 가뿐하게 일어나니
신비롭다 아니하리
부복하고 들인 정성 몇 날을 못가 잊어버리고
내 잘남을 과시하며 또 그렇게
깨달음을 망각한 채
어제를 잊고서 사는 게 인간이 아닐런지요

꿈꾸는 파도

하얗게 솟아올라
검게 부서지는 파도의 꿈들이
돌아서면
등대 불빛처럼 깜박이다 사라져 가고
허전함을 채우려 버둥대면
느닷없이 달려드는 파도의 억측에
부서지는 이 마음
은빛 성냄이 가슴을 휘저어 모래톱에 잠기면
뿌옇게 사라지다 다시 떠오르는 추억
돌아가기엔
아득히 먼
퇴색된 그리움을 끌어안을 수 없어
포말지는 생각을 묶어야만 했을까
고래를 찾아 떠난
붉은 정열이 하얗게 일다 사라져가고
꿈을 꾸던 파랑새는
수평선 너머로 영영 떠나버렸다

나무

널 사랑하는
우리의 마음을 넌 알까
모남으로 세상을 살다
해가 기울 때가 되어야
오늘 이 이야기가 비로소 보일 테요
갖은 풍파를 겪어야 할
인생길
맑은 날만 있다면 무슨 재미있을까
핑크빛 생각으로
세상의 드넓음을 본다면
펼치리라 이루리라 너의 포부를
새싹이 숲을 만들 듯
큰 나무가 되어
그대의 그늘에 우리 모두가 쉴 수 있기를
그런 날 이 분명 오기를
소원합니다

나의 수첩

나는 거짓말을 모릅니다
신이 아니기에 앞일은 알 수는 없지만
어제와 순간의 일을 정확하게 알아내는 것이
임무요 사명입니다
역겨운 잉크 냄새처럼
시커먼 활자의 진실이 오보일 수도 있겠지만
새벽을 여는 외침은 냉기보다 부드럽고
가슴 저리는 흐뭇함도 있었을 겁니다
어둠을 파헤치느라 발이 부르트도록
하얀 밤 너머서 묻어 나오는 핏빛의 고뇌는
성냄과 쓴소리가 입가를 맴돌다가도
예쁜 꽃을 보듯
한 구절의 글귀는 아침을 미소 지을 수 있게 합니다
언제 변할 수 있을까
마주하기조차도 싫은 상상을 초월한 나쁜 이들
엇갈린 이해와 가파른 계곡물에 쓸려간 두 양심
아니길 하면서 낯익은 이름에 의심이 물어
멍이 든 핏자국에 얼굴 붉히며
아침 햇살에 매달린 녹슨 지난밤이
따뜻한 마음을 부둥켜 안아주는
외로운 투쟁이여

낙엽의 계절

영원하리라 믿어 왔던
푸른 날의 생각들이
바래어가는 이 계절을 빗대이며
그 속에서 내일을 줍는 나는 마지막 잎새입니다
다가올 어둠 앞에 슬픔을 노래를 부르며
그 여인의 기도에서
깊은 곳에 잠재해 있는 아픔을 쏟아내고
행운을 그려보는 소망 같은 그리움
그의 애절한 아름다움에 취해
숨결까지 옮겨 심으려는 화가가 있었고
여린 모습을 세세하게 표현해 가며
지는 꽃을 한탄하는 시인도 보았습니다
져가는 볕을 담아 봄을 생각하는 사람들의 이야기는
깊어가는 이 계절을 아프게 합니다
곱게 분단장을 한 그 여인이 간절히 부르짖는
오카리나 연주가 심금을 울릴 때에
너무 애달파 참았던 눈물을 쏟으며
겨울이 짙어 보이는
그 여인을 하염없이 바라봅니다

달맞이 꽃

밤이면 피었다가
새벽이 오면 숨어지는
외로운 꽃 달맞이꽃
저 달이 기울 때 비로소 보았네
숨어 우는 꽃을 보았네
차라리 반딧불이가 되어
너의 곁을 밝혔으면 후회 없었을 것을
여름이 다 가도록
고백을 하지 못하고
새벽달이 춤출 때
기다리다 지쳐 향기만 남기고 시들어 가는
슬픔 짓는 달맞이꽃
가녀린 너를 바라만 보네
이 밤이 새면
숨어질 꽃이여

당신

새벽을 보러 포효를 접으시고
까막까치의 먹이가 되려
병사가 된 당신
구름이 막아서고
거센 파도가 앞을 가려도
지름길 마다하고
험한 먼 길을 우리와 같이 걸음마 하시며
세상을 밝히는 빛이 된다면
그것이 나의 소원이라
그림을 베껴 와 숨김을 한다 한들 숨어질까
봄이 오기 어려워도
어렵게 맞이해야 봄이지 하시며
정성으로 깨우침을 가져다
막힌 가슴을 터지게 하신 당신
시문의 고뇌와 홀로 싸우며
부귀마저 헌납하신 외고집의 그 미소
당신께서 곁을 지켜 주시기에
우리 모두는 행복합니다

당신 1

믿었습니다 당신을
그리워도 했습니다 당신을
믿음과 그리움은
우리 곁을 영영 떠났습니다
왜 그리 하셨나요
두 손 으로 하늘을 가릴 수 없다는 것을
모를 리 없건만
당신이 그리울 때이면
가슴 조이며 숨죽여 지켜봤습니다
거센 폭풍우가 몰아쳐도
한 점 부끄럼 없다고 당신은 외쳤습니다
소중한 꿈을 꺾어 민초들을 멍들인
시드는 잎사귀의 아픔을 보며
당신은 묵언을 안고 떠나겠지만
이 상처를 누가 있어 치유하리요
영원히 지지 않을
아름다운 꽃으로 남길 소원했는데
당신을 사랑한 지나간 날을 후회합니다

3부

당신에게

동그라미

아픈 상처 걸어두면
거울이 되고

욕심을 걸어두면
얼굴이 붉어진다네

피는 꽃이 어여뻐도
질 때는 슬픈 것

좋은 하루는
어제 흘린 땀의 대가이듯

우리네 삶
요행이 어이 있으리요

하늘 아래
구름 같이 우리 살자 했소

모남을 비우고
거짓을 버리면
마음은 동그라미로 채워지리요

동무야 동무들아

그리움들이
잿빛 구름 앞세우고 어디로 가나
땅거미는 내려앉고
고요는 일어 밤벌레 울듯 흐느끼는데
동무도 나와 같이 단풍이 들고
이파리 좀먹듯 벌레 먹어 그곳을 드나드는지
낙엽지는 이 마음
아닌 젊음을 한탄해 본다
철벽 수비를 했나
저 세월은 그대로인데
병아리 키 재기에 정신 팔려 울고 웃다가
혼쭐이 났던
아련히 저려오는 어제 같은 추억 한 모금
서리 맺히는 그 속으로 우리는 흘러가고 있나
동무야 동무들아
우리 이제 바쁨이 무엇이며
행복 찾는답시고 그만 뛰었으면 좋을 것 같다
간이역마저 사라진
내일을 모르고 가는 이 길이
어쩜 우릴 후회하게 할지도 모르잖니
생각보다 빠른 저 열차는
종착지를 아는지 기적 없이 달려가고 있구나

돛

가시넝쿨 둘러쳐진 이 도심
오늘도 무거움을 지고
눈 귀를 세워 서 있는 당신
휑한 바람이 불고
매서운 한파 휘몰아쳐도
부처 같은 마음으로
굴함이 없이 온화함을 담아
사공들의 눈물까지 보듬으며
부대껴온 그 세월
휘두르는 저 들의 냉혹에 찢기고 상처 깊어져도
천의 미소 드리우고
많은 가족의 안녕을 기도하오며
거침이 없이 항해하는
하루가 기울어도 유를 빛을 사명에
잠들 수 없는
그대 당신은 이 시대의 진정한
돛이 아닐런지요

당신에게

장미꽃이 이쁨을 뽐낼 즈음에
태어난 당신은
하늘이 우리를 맺어 준 계시였나요
뜻과 일기가 서로 달랐어도
언약의 매듭은 당신과 나를 옭아맸습니다
첫 만남의 진실 중 하나는
꼭두각시 같은 나를 아는 사이처럼
애살맞게 맞이해 준 살가움이었습니다
나 하나 때문에 걸어온 길 조금은 험난하였어도
믿고 따라준 당신에게 감사를 표합니다
그해 겨울 작은 찻집에서 벅차게 외쳤던
우리의 세레나데
아직도 서툰 표현으로
때론 당신의 놀림도 받으며 생생했던 그 기억
먹고 살면서
붙잡으려 애쓰지 않아도
물 흐르듯 그래 그렇게 흘러가는 한 세상이었건만
왜 그리 지지고 볶았었는지
곰쥐 물어간 한 시절이 후회도 있습니다

적막을 부둥켜 않고
딸네 간 당신의 빈자리를 흘겨보며
빗발치는 고요 속에 이는 아픔을 무언으로 전하며
하지 못했던 한마디 고백은
내가 사랑한 세상 속의 한사람
오직 당신뿐이라고 말하고 있습니다

붉은 어둠

사막을 헤매다가
칠흑 같은 어둠에서
둥근 달이 풀 섶에 떨어지는 걸 보았다
붓을 꺾은 화가는
필묵을 잡던 이전으로 돌아가려 했다
눈길과 손끝이 어긋나고
거꾸로 나자빠진 생각이 비웃고
옷을 벗은 화구
잔설에서 수액을 밀어 올리고 있는 게 보였다
그곳에 누가 있다
물감의 야유
기고만장한 무언의 시위
누가 더 있다
화실은 화가의 내음에 몸을 움 추린다
더는 벽 속으로 들어갈 수 없다
닫힌 벽에 마음의 소리마저 들리지 않게
고요보다 적막을 택했다
그것의 뒤에 숨통을 끊을 듯한
아린 여운은 마침내

두번째의 삶

새벽이 찾아 들면
먼 길 떠날 때처럼 채비 분주하다
녹슨 속내를 벽장에 두고
총을 꺼내어 허리춤에 숨긴다
한 시절을 아니 본 거울 앞에서
성냄 감추는 연습을 해야 한다
숨통을 옭아맸던
음흉한 세상이 그래도 낯이 익었나
미소 지며 손짓을 한다
후미져 뒤틀린 도심의 저쪽 내 손길이 아쉬웠을까
사뭇 다르게 느끼는 오늘이다
아침의 운무는 이정표도 나침반도 없다
햇살이 퍼지면
이슬 받아 우쭐대는 풀잎처럼
부픈 생각은 까마귀 떼 쫓아 버리게 했고
빌딩은 날 보고 손짓을 한다
오염이 빗물에 쓸리듯
고은 저녁달이 더없이 푸르다

디지털 시대

잊혀져 가는 추억은
하얀 뇌리 속에 기웃거리고

고지식한 생각 너머로
침묵하며 들끓는 디지털 세상

옳고 그름의 판단도
불투명한데

사차원을 항해하는 영재들의 신두름
내 알 바 아니라 고집하면서도

가랑비에 젖듯
조금씩 몰래몰래 따라가고 있나 보다

립스틱 그녀

샛빨갛게
장미꽃보다 더 붉게
섹시하게
몇 번을 지웠다 다시 그렸을
그녀의 립스틱
바라보면 너무 뜨거워
나 몰래
팔려 가진 않을까
훔치고 싶은 생각
애타는 가슴앓이
거울 속을 저 홀로 온갖 생숭을 떨었을
얄미운 듯한 미소까지
가지고 싶다

마음을 열면

손길로 앞을 보고
마음으로 세상을 열어가는
당신의
그 어진 생각을
다 알 수는 없겠지만

눈을 뜨고도
길 잃어 헤매는 사람들
마음을 열면
꿈 가득했던 그 시절처럼
우리는 행복하리요

말과 침묵

뱉으면 시원하련만
목젖이 근질거려도
자긋이 입술 깨물고 치닫는 숨길을
억제하여야 했을
말의 말들
우리는 말 아니하고 살 수는 없겠지만
때론 침묵도 값지지 않을까
무심코 던진 우스갯소리에
상처가 되고 후회되는 것을
열린 문을 봉 할 수 없다면 한번쯤은 잠그면 어떨까
정감 넘치는 한마디에 냉가슴 녹듯이
말에도 날개가 있어
좋은 말일지라도 되돌아올 때는
변명을 할 수 없을 만큼 부풀어져 흉이 될 때가 있다
복잡한 표정으로 쇼를 해봐야
자신만 고약해지고 아픔만 더 하는 것
한번 뱉으면 다시는 담을 수 없는 것이
아끼는 사람을 슬프게 하는 그런 것이 아닐까
하는 생각을 갖게 한다

맛있는 사람

그는 달콤함을 지닌
잘 익은 김치같이 맛있는 사람
하는 일은 명명
호탕한 웃음은 웬만한 남자 못지않지요
막힘없이 쳐내는 일감
노래는 짱
갑신하게 술을 마셔도 취하지 않는
일 때문에 십수 년을 벗하고 있지만
처음처럼 한결같이 시원한 사람
나이 들어도 멋있는
그녀는 매력투성이
안아보고 싶은 충동을 느낄 때면
멀리 돌아서는 맘
그 같은 제스추어가 멋지다나요
오늘도 큰 소리로 놀려 니다
아저씨~
이따가 술 한잔합시다

모과

시장도 아닌 외진 곳
모과같이 못생긴 사람이 모과를 팔고 있다
팔아 달라며 애걸 어린 눈짓이
저 가는 가을 같아 마음이 시리다
필요로 할지 모른다는 생각에
모과 몇 알을 사왔다
이리보고 저리 보고 아무리 살펴봐도
거친 삶을 붙잡느라
뙤약볕 비바람에 얼마나 채였기에
나처럼 저렇게도 일그러졌을까
울퉁불퉁한 모습에 속마저 비어간다며
욕만 먹고 사는 나지만
너 같이 향기가 남아 있어 곁에 둔다나
얇게 썰어 설탕에 재워두고
단맛만 빼먹은 서리진 세월
몸뚱이 부려먹을 땐 아무 말도 없었는데
쉰 맛 까지 짜 먹고 나더니
아예 통째로 버리겠단다

목련이 피면

하얀 목련이
설운 가슴을 시리게 하던 날
느닷없이 누가 부르는 것처럼
밖을 나가자던 어머니
뜨락에 갓 핀 꽃을 하염없이 바라보며
야 야 참 이쁘기도 하구나
그 옛날 시집올 적에
내키지 않음에 가마 안에서 내내 눈물 젖었는데
잠시 쉴 때에
누군가의 손짓에 끌려
아프도록 아름다운 복사꽃 만발한 꽃길을 바라보며
그 간의 모진 생각을 바꾸고
험난했던 한 세상 목마르게 사시다
늦게나마 자네 있어 행복했다 하시었네
말년은 편하겠다던 어느 어른의 한마디
오늘에야 생각난다며
옛이야기 소록히 담아 놓으시고
병원 아닌 내 품에 안겨 고이 잠드신 어머니
보고픔에 사무친 애끊는 그리움
가신지 여러 해
보내 드리지 못하는 생생한 그 모습
불효자의 가슴을 저리게 합니다

그 목소리 〈세월호〉

보고 싶다 너무도 그립다
어둠은 깊어져 애가 타건만
간절하게 밟히는 너의 그 모습
초여름 산들바람
하얀 달 위에 올려놔도 마르지 않는 눈물
잊을 수도 지울 수도 없는
가슴을 찢는 내 사랑
누가 내 한을 보듬어 주리요
하루 같은 기다림
금방이라도 짓궂은 웃음지며
뛰어 들어와 엄마 품에 안길 것 같은
정답던 너의 목소리
겨울은 가고
꽃들은 흐드러져 노래하는데
어이해 못 오나 왜 못 오시나 무너지는 이 마음
바람도 떠나지 못하고
숨을 죽이고 맴만 도는데
썩어 문드러진 죽지 못해 사는 어미

무더위와 시내버스

저기요 기사님
에어컨 온도를 올려 주세요
시원한 시내버스 안
어느 환자의 끊이지 않는 잔기침
더위와는 달리
마음을 애틋하게 하는 보호자의 애원이다
충무동 정류장
급히 올라탄 젊은 승객
부채를 흔들며
아저씨 에어컨 세게 틀어주소
연실 땀을 훔치며 짜증 섞인 말투는
사정보다는 시비에 가까웠다
아픈 이를 위해 더위를 침묵하고 있는데
저 홀로 쿵쾅거리는 꼴
근심 어린 실랑이는
안전을 책임진 기사의 정리로 안정을 되찾고
그 승객 늦게나마 얼굴 붉혔을 때
무더위 속에서 앙금을 가시게 하는
행복 버스의 시원한 날

벚꽃

묵은 가슴에 설렘을 가득 담아
그리움의 색으로 꽃을 피게했어요
좋아하는 임들에게
기쁨을 더 한
모든 것을 바치고 싶어요
다른 생각일랑 하지는 말아요
이쁘다는 그 말만 하여 주어요
짧아도 일주일의 행복을 드릴 수 있어요
그 시간이 지나면
당신의 어두운 마음이 아름다워질 거예요
우리도 외로움이 싫어
헤아릴 수 없을 만큼 가득 꽃을 피워
그늘진 당신의 마음을 밝게 해 드리고 싶어요
바람이 불면 꽃눈을 곱게 날리고 떠날 거예요
애처롭다 말 마시고 편히 나를 밟고 가세요
우리로 인해 언 가슴이 녹았다면
무슨 미련 있겠어요
아쉬움은 남겨야 되겠지만
슬퍼하지는 않을 거예요

가뭄

구름의 눈을 흘겨 보며
애꿎은 하늘만 탓을 해 본다
가뭄 그 끝은 어디일까
비에 목맨 한없는 기다림
속아산 삶의 보따리 버리지 못하는
애끓음에
장대비 쏟아지면
우비를 벗고
너의 속내에 들어가
살이 갈라지도록 맨몸으로 실컷 두들겨 맞으리라
긴 것 같은
짧은 비의 계절
우리는 늘 목말라하면서도
물속에서 허우적대고 있는 것이 아닐런지
너를 가지고 싶은
비의 슬픈 마음처럼…

4부

선술집

벼랑 끝에서

벼랑 끝 그곳에
서푼의 내 삶이 있다
외줄에 묶인 생각들이
그리움 속으로 나래 짓을 할 때이면
빌딩을 휘감고
도심 속을 걸어온 그곳
살기위함은 죽음보다 고독했을 것이다
북풍을 견뎌내야 봄을 노래할 수 있었던
그 질긴 생명의 노래
지푸라기 같은 모순을 잡고
늘어져야 했을
억척이 소중함을 느낄 때
구겨진 새벽을 담금질하며
날갯짓을 하듯
천길 벼랑을 다시 품는다

병실과 사과

깨물고 싶은
붉은 너의 입술
탐스러워 바라보면
이 가슴 욕망에 목이 탄다
병상에 묶여
나 얼마나 더 널 그리워해야 나래를 펼 수 있을까
부서지도록 깨물고 싶다
거미 같은 이내 몸
싱그럽던 지난날들을 회상해 본다
이곳에서
걸어 나가지 못한다면
죽어서라도
붉은 너를 안고
잠시나마 행복에 젖고 싶다

보리야

눈보라 곱게 맞으며
납작 엎드려
오월을 기다렸다
비에 젖어
그리움에 젖어
햇살 눈부셨을 때
파아란 주머니 알알이 영그는 여름의 시작 앞에
난 고개 숙여
미풍의 물결 가쁜 숨 잦아드니
더는 어이 노래 부르랴
갈잎의 보리는
환희의 눈물을 흘린다

봄비

밤을 적셔 낸 봄비는
꽃망울을 머금은 봄의 기도같이
소리없는 울음을 터트린
속삭임이 빚어낸 눈물이 아니었을까
번호판을 떼어냈으니
까마귀인들 구별이 쉽지 않았으리라
먹구름 허물어져 뇌성을 삼켰을 때
굉음 짖는 환성을 깨물어 아픔을 짓이겼다.
진눈깨비 같은 이 가슴
다신 못 볼 줄 알았던 봄은 억압의 사슬을 끊었다
들을 달구고 꽃을 피워낸 것은
누구도 아닌 노랑나비의 환생이다.
그것은 기다림이 일구어낸 죽음의 순간에서
맛보아야 했을 황홀이 아니었을까
신비로움에 이끌려 날마다 탄식을 하며
내 마음 봄비처럼 나비가 되고 싶다.
언젠가는 눈물지며 봄을 다시 꿈꾸어야 하겠지만
그 여린 숨결은 고통을 남긴 폭풍우같이
통곡으로 얼룩진
봄이 흘린 눈물이었으리라

선술집

연탄불 위엔
고갈비 굽는 내음이 춤을 추고
묵사발을 닮은 주모는
손맛만큼은 이 거리에서 이쁨스럽단다
군침에 헐떡이는
목이 컬컬한 이시간의 허기는
지친 하루를 달래나 주듯 발길이 먼저다
찌그러진 양은 술잔은
이 사회의 뒷모습 같아
더러는 외면하는 막걸리라지만
빈속을 채워 주는 시큼털털한 그 맛은
임의 입술보다 달콤했다
연거푸 서너잔 기울이면
짜릿해지는 속내는 찌든 오늘을 눈 녹이듯
녹아내리게 했다
얼큰해지면
봇물 터지듯 쏟아내는 독백에 파열음 맴돌고
땅거미 받쳐 들고 돌아 나온 골목 어귀엔
뿌연 가로등 불빛이 비아냥거리듯 깜박여도
막걸리 몇 잔에 고됨을 바꾼
이 밤이 무척이나 행복 합니다

붉은 유월

이쁜 딸 준다시며
꼬까신 사러 장에 간 아버지
언제 오시려느냐
붉은 유월은 검게 녹슬고
그리움은 깊어 한이 되었소
남과 북의 평화의 미소는
온 세상을 희망의 물결로 출렁이게 하는 이때
꼬까신 고이 안고 아버지 오셨네
고희 지난 딸 찾아 꿈길 밟고 먼 길 오셨네
더는 다가올 수 없으셨나
간절히 부르다 깨어나니
허전하고 속상한 마음에 슬피 울며 밤을 새웠소
재너머 저 곳
사상에 옭아매어 이상을 찾아 떠나야 했을
그 날
가족에게마저 총칼을 겨누어야 했던
한 맺힌 그 세월
봄이 오면 꽃 피고 녹음 우거지건만
한번도 들어내 놓지 못하고 꼭꼭 숨겨야 했던
가슴에 묻고 산 아비의 노래

비에 젖는 밤길

집은 먼데 밤길은 비에 젖고
시장 안 선술집엔
코다리 굽는 냄새가 비에 실려 손짓을 한다
속까지 파고든 냉기
군침은 입맛을 다시게 하는데
마음과 발길이 다르다
덥석 들어와
안기를 바라는 주모의 눈길이 간절하다
침 넘어가는 소리 굉음 질 하건만
목마름을 달래줄 백열등 불빛은 끝내 발길을 쫓아냈다
아쉬움은 골목 진창에 내동댕이 처지고
앞서가는 그림자 따라 헉헉대며 계단을 오르는 꼴
못내 아쉬웠나
철대문에 고인 빗물의 장난에
애꿎은 대문만 울상이다
선잠 깨인 아내
생쥐 꼴을 한 몰골이 안쓰러웠나
된장찌개 바글바글
빗물에 젖은 소주잔이 빈정대며 춤을 춘다

빌딩위의 삶

파아란 태양을 품어
외줄에 생을 걸머지고
거꾸로 매달려 초록의 노래를 부른다
거울 속에서 골라낸 것들로
서리꽃을 덮고 분칠도 했다
도심을 날아오르던
깃털 빠진 새는 구름 위에 걸터앉아
막차를 타려는 심정으로 바람을 흥정하고
너덜너덜한 마음에 기름을 친다
덧칠한 낡은 두 팔로
회색 도심을 걷어 낼 때면
등작이 타고 숨소리 거칠어지지만
손길 가는 곳마다 기쁨이 말하고
패인 쇠골에 구슬이 넘치길 희망한다
어둠을 짊어진
아침이 무거웠어도
이마에 맺힌 땀의 무게가 보석으로 빛날 때
어제의 무거움 사라지고
도심을 가렸던 그림자 간 곳 없다
빌딩은 화장을 지운 젊은 여인의 얼굴처럼
티 없이 해맑다

산다는 건

우리네 장난 같은 인생사
마음먹은 대로 되는 게 있다더냐
비오면 비에 젖으며
물 흐르듯 살자했거늘
어떤 날은 독버섯에 홀려 어둠 속을 헤매이고
작은 일에 목숨을 걸기도 한다
요술 같은 세상
잡힐 듯 잡히지 않는 것이 꿈인 것을
이미 짜여진 각본대로
광대놀이 판의 피에로와 같아서
연출가의 손놀림에 웃음과 비애를 넘나들며
여린 마음은 주인공이 되어 상상의 나래를 편다
그렇게 가슴만 조아리다가
부표같이 떠다니는 꼭두각시로 전락하는 것이리라
뻐꾸기 놀음 같은 세상살이
발가벗으면 다 같은 것을
뜬구름 쫓다가 남의 집 구들장만 데워주고
어제를 망각한 채
바람처럼 떠돌다 흔적 없이 사라지는 인생인 것을
왜 모르고 사는지

새것

버려지는 그늘가에
헌 것이 얻어 낸 반짝이는 기쁨
기쁨 속에 잠재해 있는 행복
묵은 담벼락에
애살스레 그려진 벽화
삭막했던 지난날을 알기나 할런지
따가운 뙤약볕도
차가운 별 밤도
무딘 어둠이 빚은 빗살무늬만 셈 할 뿐이다
나와의 언약 그리고 다짐
몇 날이 못가 흐지부지되어버리고
애절했던 사랑의 고백
동반의 의미가 갈라지는 또 다른 생각 속에
만나고 헤어지는 아름답지만은 않았던
너와의 짧은 연이 기억으로 남아
인적 끊인 허공을 밝히다가
시간이 썰물 지면 장승이 된 가로등처럼
꿈보다 먼저인 현실 앞에
헌것에 길들여 진 내 모양은
늘 새것을 갈망하는지도 모른다

새해

한 해가 다시 밝아옵니다
설한이 세상을 얼어붙게 하여도
봄은 오고 있듯
첫새벽을 희망으로 수놓아 봅니다
무거운 등짐을 지고
살얼음 위를 달려온 한 해
소중한 꿈을 헐값에 팔기도 하며
돌아설 수 없는 극한의 기로에서
소리 내어 울지 못한 기막힌 아픔을 맛보기도 했습니다
고단했던 여름이 그나마 있었기에
넉넉하진 않아도 가을을 노래할 수 있었습니다
서산에 걸린 저 태양도
내일을 꿈꾸기에 쉬려드는 것처럼
속아 살아온 지난 세월,
다시 속는 셈 치고 파란 꿈을 가져봅니다
이 밤이 지나면
새벽을 붉게 물들이고 솟아오를 태양 앞에
금세 잊어버릴 소원을 담아
새해를 맞이하겠습니다

산

먹구름에 가린
어둠 속을 헤매어 온 세월
빛없는 저곳을 벗어나려 주검도 불사했을 적
어디선가 한 줄기 빛
마음 절로 언 가슴 녹이는 굉음의 선율

산에서 나 생겨나
물속에서 울음을 터트리고
그 산을 오르기 위해 주검도 불사했습니다
그 위대함을 때론 잊으며
시퍼런 날을 세워 거칠게 항변도 했고
옆구리 찔러도 묵묵부답하는 산 같은 당신
그 같은 너그러움에 절로 마음을 숙입니다
가슴을 에이는 선율의 장엄
당신의 음색은 색채 없이 펼치는 아픔이요
헌신 기쁨이었습니다
시도 때도 없이 기대며 괴롭혀도
사시장철 분 바르고 치장 드리우는
드넓은 산의 세계에 난 깊이 빠져
헤어나지 못했습니다

일던 바람결 흐느껴 돌아서니
나의 속내는 요란스런 먹구름만 가득합니다
가다가 오늘이 다하면
물에서 벗어나
당신의 품으로 돌아가리요

석류

속살 드러낸
빨간 그곳의 그리움
탐욕의 황홀
환희의 눈물인가
부대끼며 살아온 여름날의 증오였나
삼켜 버릴 듯한 욕망
훔쳐 갈까
징그럽게 갈라진 입술
속아 살아온
가을 햇살에 놀림 받으며
석류는 웃는다

7월

애살맞은 7월
무더위가 찾아왔네요
7월은 누굴 닮았는지
변덕이 죽 끓듯 하네요
심술하던 지난밤은
무지개를 피우기 위한 장난이었나요
초록 별밤을 수놓을 짓궂음이었을까요
비바람 미워도
여름은 미워할 수는 없잖아요
호들갑을 떨 때는
모른 채 부답을 했지만
쪽박 달을 따다가
콩을 볶아 허리춤에 넣어 주려는
철모른 아이처럼
7월은 날마다 변덕하며
내님같이 보채고 있어요

성냥갑의 진실

나의 집은 작다
그렇지만 불편을 몰랐다
그을음을 뒤집어쓰고
때론 바람에 흔들렸어도 행복했었다
멸시도 겪었지만
그것은 끊을 수 없는 사랑이 아니었을까
변하는 세월
존재의 가치 허물어지고 잊혀져 갈 때
지는 꽃이 나뿐이었으랴
진열장 안에서 외로움에 사무쳐 목메이다가
흔적없이 사라진다 해도
한 시절 화려했었다고 생각이나 해줄런지
비좁은 단칸방을 벗어나
재가 되기 위하여 시몬의 세상으로 떠났다
헝클어지고 죽정만 남은
향로 그려진 텅 빈 제비집은
이젠 누구도 찾지 않는
기억 속
어느 한구석에 있을 뿐이다

수술하던 날

물 한 모금도 먹지 말란다
절룩이는 병실
고장 난 무릎의 애원이다
수술대 위의 짧은 시간 속에 수많은 반성의 생각들
아니가겠노라던 벽창호의 실랑이 뒤의 두려움
공포는 총칼을 든 괴뢰군처럼 까마득 몰려들고
차가운 손 보듬으며 아내의 젖은 눈짓은
당부뿐이었을까
마취에서 풀려난다면
다른 세상의 날 만날 수 있을까
엄니가 주신 것으로 한 시절 잘 써먹었는데
꼬박 이틀을 연극 난타에 휩쓸리고 정신 차리니
이제부터는 인공 감미료에 향을 첨가해
설익고 쓰더라도 달게 삼켜야 한다
뱃고동 소린 지쳐 숨어버렸나
몽롱한 신음 속을 헤맬 때에
어디서 들려오나 맛있는 불 내음이
목젖을 놀리는 심술보다
목마름을 적셔줄 물 한 모금이 간절하여도
가슴은 창밖을 잊지 못해 죽은 듯이 기다려야 했다

삼류사회

어둠을 농락한
춤을 추는 백열등 아래
뿌연 잔 속에 하얀 포말이 넘친다
검게 그을린 주모를 닮은 삼류술집
고뇌 담긴 무표정이 쏟아낸 그곳에서 나는 무엇을
찾고 있었을까
도리깨 같은 손길은
지난 세월의 삭풍을 표시나 하듯
가시를 발라내는 미묘한 표정에서 연민을 찾는다
살이 타들어 가는 살 속의 냄새
사탕보다 쓴 군입의 단맛이
깊은 곳에서 토해내는 음한 굉음으로 솟음치면
고통이 쾌락으로 치닫는
쓰린 가슴을 불구덩이 속에 밀어 넣은 불의 맛
낮달을 파헤치다 만
또 다른 비밀이 여기 도리깨 같은 손
그 속에 있지 않았을까
철퍽이는 파도가 가져다 준
맛깔스런 초집이 불빛에 춤을 추어도
잔 위에 찰랑대며 반짝이는 너를 마주할 수밖에 없었다
흔들거리는 밤의 냉기에
불타듯 끓어 오르던 숨결이 식어간다

5부

일장춘몽

슬픈 계절

아픔을 맡겨 놓고
도둑고양이 파티를 즐기고 간
얼빠진 계절이
숨겨둔 그리움마저 훔쳐 갔다
울음을 감추어라
실낱같은 꿈이라도 잡아야 한다
꽃물 들이고
초록 우산을 쓰고
검은 웃음 앞에 빌붙어야 했다
봄을 망각했기에
숲이 되도록
신명을 다해 불꽃 춤을 추어야 했다
매화가 울면
가지에 맺힌 잔설을 털고
새가 되어 날아가리라

소년의 꿈

꿈으로 가득한 소년의 포부는
거슬러 오르는 물고기의 목숨을 건 사투였다
맨손으로 세상을 얻으려니 고달픔이 얼마나 깊었을까
세월은 바람에 동강 나고
희망은 비에 젖어 흔들리고
굴뚝에 연기가 나지 않았어도 울지 못했다
곡예 같은 그 길은 숨바꼭질같이
의미 없는 놀음이 아니었을까
그래도 그는 희극 배우의 웃음을 지니고 다녔다
헤어날 수 없는 암흑에 휩싸이고
된서리 맞아 손발이 찢겨도 슬픈 노래를 부르지 않았다
내일 뒤엔 더 좋은 내일이 오리라
행복을 갈망하며
굶주림이 엄습해 와도 묵묵히 밭을 갈았다
사과나무엔 사과만 열린다는
어머니의 가르침을 되뇌이며
가지를 치고 거름을 하며 땀을 쏟아부었다
꽃들이 놀리고 향기가 치근거렸어도
고난이 빚어낸 언저리에서 춤을 추리라
즐거움이 햇살같이 퍼지고 슬픔이 요동칠 때

그에게도 하늘이 있었던가
행복을 안으려 쾌재를 준비하다가
땀과 정성이 배인 그늘 아래서 피를 토하고 쓰러지니
어찌하랴 이 일을
하얗게 쇄버린 늙은 소년은 말은커녕
젖은 눈을 감지 못했다
남은 날을 붉게 태우고 싶었는데
식어가는 세월은 사과밭을 응시한 채
빛을 잃은 낮달 같이 외롭게 흘러갔습니다

시내

맑은 너의 가슴속
나 흐르네
나뭇잎 흐트려
비밀 한점 숨길까 애써도
부끄러워 속삭여도
훤히 보여
숨길 수도 없네
세상 모두가 너라면
거울이 소용없겠네

시의 미학

허무하게 잘 생겨먹은 부를 쫓다가
생각의 차이로 홍이 무너진
저려오는 후회
가슴앓이를 달래주는
별을 줍는 재미에 되찾은 기쁨
알 수가 없었던 그곳에는
싱그러움이 샘솟고
장밋빛보다 또 다른 오묘한 세상이 있었습니다
무지개위에 올라 알록달록한
무한의 세계를 수없이 헤아리며 신비의 베일 속에서
수정체를 찾을 때에
시학 속에서 펼치는 꿈의 나래
암흑에 싸인 얼음덩이를 아름답게 조각을 하며
예쁘게 꽃물도 들여
황무지 자갈밭에서
원색 반짝이는 보석을 캡니다

신년

서툰 표현으로
깊은 그곳에 들지 못하고
겉만 핥으며
빗발치는 무지개 속을 부답 해온
미로의 세월
어느샌가
밤벌레 울음마저 끊이고
비탈에 떠밀려
낙엽 진 마음을 끌어안아야 했다
그림자 없이 지는 석양
한 세월의 끝에 매달려
동강 난 희망이 재촉하건만
채비없이 받아 드려야 할
신년 앞에
망아지같이 날뛰던
붉은 기억들이 수몰저 흩어지면
꽃 피우지 못한
잿빛 하늘가의 여명을 다시 품어봅니다

아들아

세상은 괴물 같아서 거머쥐기 어렵고
사는 것 또한 만만치가 않더구나
거친 세상에 팽겨치듯 널 보낼 적
웃음을 잃지 않는 뜨거운 모습에서 안도의 눈물을 훔쳤다
한 잎 목숨이 풀잎 같다 해도
나뭇잎 하나 작은 미물도 고난을 겪어가며
질기게 그리고 억척으로 살더라
많은 것을 주었으면 좋으련만 부모는 마음뿐이다
그래도 너에겐 박수를 보내는 응원군이 있잖니
빛을 잃지 않는 태양처럼
활짝 날개를 펼 날이 머지않아 올 거야
지난 일은 생각을 하지 마라
고뇌하지도 마라
살다가 흔적 없이 사라질지언정
어차피 인생은 세월이 쓰다 버린 노리개 같은 것이 아닐까
넌 비상하고 재주가 남다르잖니
백 년을 가야 할 길이라면
새벽을 잘 다스려야 좋은 하루가 있을 테요
바삐 가더라도
느긋하게 뒤도 한번 돌아다보며
때론 꽃구경도 하며 시궁창에 들어가 썩은 맛도 삼켜라
너의 인생은 누구의 것도 아닌 내 것이다
겨울이 매서워야 봄이 더욱 새롭지 않겠니

아흔의 노래

어머니가 편찮다
나도 나지만
애쓰는 당신을 보니 너무 아프다
두어 번 더 남은 항암치료
한 달쯤 후에야 1차 치료가 끝이 난다는데
완치가 없다는
젊은이도 어렵다는 불치병
대신 아플 수 있다면

구십이 넘어 뭐 하는 짓인지
한탄의 말
아무것도 할 수 없는 나 자신이 부끄럽다
얼마나 더 고통 속을 헤맬지 모르나
쾌차하시길 빌 뿐이다
의사의 소견은 치료만 잘 받으면 5년은 괜찮다 한다
그 말에 욕심을 걸고
희망의 메시지를 전해드린다
어머니 병원 잘 다니고 잘 드시면
백수 하신대요

안부

어떻게 살고 있는지
바람결에 소식이나 띄워 봅니다
하루살이 같은 우리네
험난한 세상 내일이 기약 없는데
이 밤 까마귀 울지도 모르는데
같은 하늘 아래 살면서 등을 져야 하나
무심코 던진 말이 못이 되었다면
인제 그만 앙금을 풀어
행복했던 지난날로 우리 돌아가자
동화 속 별나라의 이별 이야기라면
지우고 다시 쓰면 좋을 텐데
세월이 약이라 하지 않던가
네가 섭섭했던 만큼 나도 네가 미운 적도 있었다
벗이여 우리
가림막일랑 찢어 버리자
우린 다정했던 사이었잖아
심심한 생각 끝에 안부를 전하며
수일 내에 만나 회포나 푸세

약속

이제나 올까
기다린 김에 조금만 더하다가
목이 타고 성이 나고
같이 하자던 저녁 한 끼
찌개는 졸아 밭으로 가려 한다
시원하던 술병은
얼어붙어 북극으로 가자 하고
아니 오는 벗
기다림은 지친 나를 비웃고
너털웃음 지며
떨어져 나가 앉은
괭이 같은 눈으로
술상 앞에 홀로 앉아 홀짝이다 보니
취한 나는 산으로 간다

약속과 신호등

초의 시각보다 짧은 기로의 순간에서
밟아야 했던 브레이크
약속을 팔아버린 이윤의 바보가 되었을 때
동아 맨 사슬 앞에서
쓴웃음이라도 지을 수 있었던 것은
무언의 기적을 셈할 수 있었기 때문 아니었을까
쳇바퀴의 과녁을 비껴갈 수 없었기에
저질러 놓고 먼 하늘을 바라보는 후회는 없었을 것을
선택의 순간 앞에 직감이 예측한 것은
어느 한 곳에 있을 초능력 그리고 신의 경지였을 것이다
만일
앞일을 다 알고 산다면 재미보다는
맛깔난 요리에 소금이 빠진 꼴이 되지나 않았을까
줄 그어놓고 좁은 틈 사이로
생명을 담보로 목숨을 파는 사람들
짓눌린 도심에서 날마다 전쟁 아닌 전쟁을 치르지만
거짓의 달콤한 속임수는 진실을 외면했고
화살촉이 비껴가길 자박하며
약속에 매달려 위험을 예고하는 점멸등을 무시했을 것이다
잠시나마 여유를 갖게 하는
빨간 등의 신호에 우리는 목메 사는지도 모른다

양생 중

바람을 벗하며 환희를 줍던
그런 날이 다시 올 수는 없겠지만
마음은 그곳 전선에서 휘파람을 붑니다
외줄에 의지한 채
곡예를 하듯 건물을 날아다니며
빌딩을 채광해 온 반생
돌이켜 보면
봄이 언제 지나갔는지
보랏빛 날들이 내게도 있었는지
어쩜 남의 이야기 같습니다
세월은 젊음을 앗아가고
향기 잃은 꽃은 나비마저 머무르려 하지 않습니다
고래 고함을 쳐 보지만
메아리만 서성이다 사라집니다
허공에 매달려 빌딩을 씻어 내리면
기쁨을 준 우리에게 행복의 눈인사가 그립습니다
엊그제가 옛날인가요
날개를 펼 수 없는 슬픈 새는
현실을 받아들일 수도, 욕망을 버릴 수도 없습니다
언젠가는 봄은 오겠지요
소용없는 내일을 그래도 기약은 해야 하겠기에
흐트러지는 마음을 소금에 절여봅니다

어매

풍파를 걸머지고 세월이 다 닳도록
어매는
도심의 한쪽을 피멍으로 수를 놓았다
그것은 질긴 목숨을 부지하기 위한
처절한 자신과의 싸움 속에 실낱같은 한 줄기 희망의 빛을
나를 대신해 꽃 피워 주기를 소원했을 것이다
열정으로 쉰 고개를 넘나들며
발품으로 차비를 아낀 것은
불빛 없는 암흑을 셈하며 젓배를 곤 울다 잠든 머리맡에
어미의 표시를 해 주고 싶었을지도 모른다
귀를 닫고 눈도 감았다
발부리에 채인 꽃도 꽃일 진데
병든 닭처럼 등골이 휘어지고 손마디가 뒤틀어져도
당신만의 계산법을 움켜쥐고서 비틀거리는 세상 속을
연약함을 숨기고 억척으로 걸어왔을 것이다
곪는 속 애써 다스리며
사자에게 열쇠를 맡긴 지 오래
옅은 미소 뒤에 속으로 얼마나 고통을 참으며 우셨을까
우리 어매
가시고 난 자리엔 흔적만이 홀로 웁니다

어제

미움도 잊어버렸다
탐욕에 젖어 폭리를 취하던
젊은 날은
돌이킬 수 없는 아쉬움뿐이다
까마득히 멀어지는 어제가 옛일
그래도 돌아가고 싶은 생각은 꿈일까
화려하진 않았어도
세상의 끝에 와서야
내 것인 줄 알았던 내 모든 것들이
내 것이 아닌 것을 알았다
속임수 역시 일말의 희망이었나
거짓말이 빚어낸
과거 속에 범을 잡지 않은 이가 있었을까
진실 같은 풍을 치며
버려도 주워가지 않은 잘난 추억을 먹고 살면서
손끝 저려와도
몇 잎 동전에 오늘을 팔려
죽은 듯 두 팔 벌리고 새벽을 맞이합니다

여름

휘 뿌옇게 쇠 버린
빛 잃은 기억들이
거북등처럼 말라붙은 아픔이 깊다

토끼풀꽃을 꺾다가
추억을 보았네
가녈졌지만 억센 너의 모습을 보며
되찾은 그 여름

바다색보다 짙은
여름을 두고 떠나야 했던
새콤한 풋 향의 그리움

녹음이 앞을 막았어도
8월을 다 못 태운 꽃의 이야기가
가슴에 맺혀 울고 있다

열풍

베일에 가린 임의 세계
기다려 온 오늘
몰아치는 삭풍 아래서
봄볕 같은 임은 그리움이었소
여울지는 세월
노심을 불사한 채
빈 가슴 물들인 살아 있는 화폭 속의 숨결
섬세하게 펼친 나래
나그네 눈길은 걸음을 묶었나니
깊음에서 우려 나왔을
가슴 찢는 애절함을 다 알 순 없겠소만
가시내 성깔 같은 봄과는 달리
거침을 억제하고 피워 낸 여린 들꽃들처럼
금새라도 걸어 나와
임들의 품에 안길 것 같은
무한의 세계

인생사

베짱이가 숲을 노래 부르는 까닭은
적막을 깨뜨리고
여름을 살찌워 보자는 것이리라
그러하듯
죽어라 일하는 저 개미 떼는
누굴 닮아 삶이 저토록 퍽퍽할까
봄날의 뽐내는 꽃들도 호랑나비도
아픈 과거가 있잖은가
인생도 절로 행복이 찾아오는 것은 아닐진대
씨뿌리지 아니하면
평상에 누워 보랏빛 꿈에 젖을 수 없고
가을을 만끽할 순 더욱더 없으리라
밤을 다 못 채우고 기우는 달님처럼
우여곡절에 시달리는 인생길에
보름달같이 꽉 찬 사람 얼마나 될는지
스무이레 실낱 달이 되더라도
왔다가 가는 길에 점 하나 찍을 수 있다면
괜찮은 인생 아닐는지요

일장춘몽
– 고 박철석 시인을 생각하며

살며시 저려오는 병상일지
인생은 일장춘몽이라 참뜻을 새기며
이승의 이별을 참담한 심정으로 같이 느껴 봅니다
한 번의 만남도 없었지만
온몸이 저리고 친근감이 우러나는 것은
왜일는지요
병상으로 달려가고 싶었습니다
그리고 얼마 남지 않은
당신의 그 모습을 안아 보며 숨겨 둔 사실을 꺼내
톱질을 하여 먼 곳으로 띄워 보고 싶었습니다
저무는 뒤 안
허무의 말로를 어이하리오만
한모금의 목마름을 깨우치며
한조각의 거짓도 욕망도 없었을
오월의 그 날을 그리며 오늘을 기억하고 싶습니다
별이 된 임이시여
당신의 세계 속으로 들어가
무한에 가려진 당신을 찾아보렵니다
이상의 세상으로 이끌어준 당신의 세계
못다 한 미련은 물 비소 시 하옵고
뒤뜰에 흐드러진 오월 꽃은 당신을 보고 있는 듯
그리움으로 얼룩집니다

6부

초록 시절

진달래

아침을 기다린
외진 산속
응어리진 뼈마디 마디엔
설한의 아픔이 맺히고
외로움을 절규하면서
당신을 기다린 보람으로 꽃을 피워냈습니다
몰아치던 눈보라는
가녈진 이내 몸을 얼어붙게 하였어도
살갑던 임 생각에
후미진 절벽
바위 틈새에 빌붙어
견딜 수 없는 죽음의 그림자 드리워도
꽃을 피워야 할 이유를 알았기에
비열을 숨기며
한 줌의 햇살에 생을 애걸하면서
되찾은 환희
분홍빛 연정을 이제 당신에게 바칩니다

직장에는

난 가만히 있지 않아요
무엇을 하고 있는지 들여다보면 알아요
출근하는 시각부터
해바라기 얼굴을 하고 뽀얀 미소 짓고 있어요
슬픈 일이 있어도 아픔을 가리고 웃어야 해요
내가 웃고 있으면
임들은 감사해하고 즐거워하고 행복해하니까요
그렇지만 비가 오면 왠지 슬퍼져요
내 인생이 어쩜 빗물에 쓸려가는 생각을 해요
어쩌다 여기까지 왔는지 싫어
빗물 같은 눈물을 한없이 흘릴 때도 있어요
그런 망상은 길 수가 없어요
난 매인 몸이잖아요
짬이 날 때마다 백지 위에 무언의 나래를 펼쳐 보지만
무거움을 벗어날 수 없는 것은 왜일까요
머리 위에 등 뒤에 무슨 일을 하는 가를
CCTV가 노려보고 있어요
어느 순간도 편치 않았던 것은
이런 것 때문에 이었을까요
내 맘대로 도심을 휘저을 때가 옛날이었나요

이곳에 있는 날까진 카메라의 시퍼런 눈을 피할 수는
아마도 없을 것 같아요
다 팽개치고 뛰쳐나가 날고 싶은 생각 굴뚝같지만
나를 알기에 로봇처럼 죽은 듯 기어가고 있어요
그러기에 바보가 되어 오늘을 웃고 있어요

천년지기

금세 뜨거워졌다가
빨리 식는 요란스런 양은 그릇 같은
그런 사람이 아닌
오십년 지기 그 벗은 뚝배기를 닮은
숙성이 잘된 장맛 같은 사람
웬만해선 마음을 열지도 성냄을 뱉지도 않는
가까이하면 할수록
진국이 우러나는 맛있는 사람
그런 그가 어쩌다 갈 서리에 채여
몹시 흔들리는 모습을 보며
작은 빛도 될 수 없는 안타까움에 자책만 했다
가시넝쿨 헤치며
그 여름을 가림막 없이 달려왔는데
엊그제가 오늘 같은 한결같은 그의 심성
안쓰러움을 지켜보며 나날이 좋아지는 만큼
잃은 날개 다시 찾기를
벗이여 욕심을 훔치지 않았으니 내려놓을
보따리도 우리에겐 없잖은가
더 바래지기 전에 언약 꺼내어
복사꽃 피는 그곳을 소원합니다

천사의 노래

회색 꽃밭에
아름다운 꽃송이 송이들
멍에에 갇혀 눈물짓는 그들을
헌신으로 천직 하는 그댄
낮과 밤이 따로 있었더냐
썰물 지는 갯벌에 쓸려 피폐하게 그을린
삶의 먹이사슬이 되어
굴레를 벗어나려 허덕이는 이들을
하얀 손길로 자리매김해 주며
편히 잠들 수 있었던 그 품 안
살얼음 위를 아기 걸음 하듯 뒤뚱이다가
날갯짓 할 수 있는 그 날을 고대하는
아픈 이의 생각은
따뜻했던 그 손길 어이 잊겠소만
죽어도 다시는 다신 오고 싶지 않은 재 너머 그곳
살점을 도려낸 흑점의 밀어가 번뇌하여도
번민을 감추고 어둠 속에서 불을 찾는
불나방 같은 병실 인생
그대는 우리를 보듬는 천사이리라

첫눈

연산동
나의 작업장 뜨락에도
첫사랑에 눈이 멀 던 그때같이
가슴을 감싸주는 함박눈이
하늘 가득 하염없이 내렸습니다
출근길 발아래
고운 눈꽃 송이는
검은 피투성이가 되어 울부짖고 있습니다
먹구름에 가린 그리움
기다린 첫눈은
찌든 도심을 하얗게 숨겨 주길 바램했는데
이내 떠났고
들뜬 내 마음을 샘이 난 햇살이
몰래몰래 다 가져가 버렸습니다

초록 시절

불러도 들리지 않는 초록 시절은
언제나 영원할 줄 알았던
술래놀이를 착각한 붉은 유월이었습니다
시간에 쫓겨 간
삼월의 풋 향 같은 그 계절
빈약에 물든 오늘을 비웃음 지며
황량한 거리
식어가는 석양 아래서 햇살 줍는 나를 봅니다
마지막 잎새마저 지고 나면
멀지 않아 매화가 피고
봄은 다시 오겠지만
겨울나무는 침묵만을 머금은 채
알 수 없는 표정만 짓고 있습니다
잡히지 않는 미운 세월
오지 않을 그 시절은 이제 망각 속에 묻고
기적 없는 저 열차를 기다려야 합니다

초열

태고가 빚은 위대한 예술
솔개의 묘한 생각
널 짓이기고 싶은 욕망
몸뚱이 타들어
꺼꾸러지는 쾌락의 늪
강줄기 굽이쳐 폭풍우와 만날 때
그 세찬 소용돌이
끊길 듯 이어지는 죽음과 환락의 순간
곱게 흘러내린 곡선
굉음 떨어져 솟구치는 공포
쏟아낸 펄
거센 풍파는 고요에 잠들고
산은 피를 토한다

촛불

임의 가슴에 꽃물을 들이고 싶어
빨간 튤립 같은 촛불을 켜고 그대를 맞이합니다
나만을 보아달라는 말은 하지 않으렵니다
못 본 체는 말아 주세요
바라봐 주는 것만으로 행복에 젖을 겁니다
이런 내 마음을 아신다면
다른 곳에 눈길 주지 마세요
바람이 불지 않아도
시간이 깊어지면 흔적 없이 사라질 테니까요
행여 우울하거나 애가 탈 때면
향기를 담뿍 담은 불꽃으로 아픔을 태우겠습니다
가신다는 말은 하지 마세요
어둠 속으로 보내 드릴 수 없으니까요
멀어질 사랑이었다면
처음부터 불 밝히지 않았을 겁니다
오래전부터 지켜 드린 걸 그대 느꼈을 겁니다
겉은 표정 없이 뽀얗지만
속내는 밤마다 까맣게 타고 있어요
눈물이 말라 하얗게 응어리져
만지면 부서질 듯한 아픔이 와도
무수히 쏟아지는 별빛처럼
이 한 몸 태워 그대 가슴에 하얀 눈물 흘리오리다

카카오톡

카톡 장난에
얼빠진 재간둥이들

버리기엔 아까웠을까
몇 날을 냉장고에 자리 차지했을
찬밥 같은 이야기

널 따라가려 애써도
아날로그에 밴

시장통 뚝배기 맛이
더 좋은걸

평생 친구

꿈도 샘도 많았던 나의 청춘 시절은
불태우다 꺼진 허수였다
잘나가는 친구를 보면 숨어야 했고
두 손으로 하늘이라도 가리고 싶었다
친구는 승승장구하였고
난 까마귀였다
분노와 좌절은 끝없는 수렁으로 추락하였고
응어리진 가슴은 비관 속을 허덕였다
희망이 찾던 날
친구들과 같이 축하의 노랠 불러 주던
뭉클했던 기억 생각은 달랐어도 뜻이 같아
평생을 같이하며
생이 다하는 날까지 같이 가자 약속한
그 친구는 지난 새벽 홀연히 떠났다
할 일 다 하고 갔으니 한이야 있으련만
약속들이 찾아와 비웃고 있으니
친구야 어쩌란 말이냐
갈 때도 같이 가자며 준비해둔 저 산 언덕 위에
친구를 내려놓고 돌아설 적
죄지은 것 같은 무거운 이 발길을 어떻게 하랴

표절 인생

가슴이 품었던 쪽빛 꿈들이
여울 저간 기로에서
남은 생을 마저 팔아야 하겠기에
엠블런스의 포로가 되어
안락의 늪으로 끝없이 추락할 때
오늘이 막차가 될는지 한 번도 느끼지 못했던
형언할 수 없는 묘한 쾌락의 끝에는
어둠을 가르는 사이렌의 굉음이 정지된 심장을 불 지피면
스크린에 쏘아 올린 끊길 듯한 한줄기 비명이
암흑에 메이다가 종말의 순간에서 깨어난 안도는
나지막하게 그리고 조용히 휘몰아쳤을
무중력 속에서 얻어낸 긴 한숨이었다
그것은 얼룩진 아픔보다
설은 밤을 밝힌 임의 눈가에 맺힌 환희리라
모닥불 같은 우리네 인생
다 못 태우고 숯덩이로 남는 것을
어이 모르고 불꽃처럼 살려만 했는지
빗대어 보면
모든 생명이 욕심을 커닝하듯
살아가는 이 길이 표절이 아닐까 생각하게 한다

풀씨가 가는 길

한낱 나는 이름 모를 풀씨입니다
고향이 어디인지도 모릅니다
가벼운 솜털에 싸여
바람 불면 먼지같이 떠다니다가
불모지 자갈밭
척박한 땅 일지라도
키 작은 몸 하나 뉘어 싹틔울 수 있다면
숨어 지샌 이곳이 집이요 고향입니다
모진 고난 속에서도 봄을 구걸하면서
새들과 세상의 밟힘은 이제 반가운 손님의 손길입니다
엄니의 간절한 부름도 잊은 지 오래입니다
잔설을 헤집고 외로움에 동아 매어
포롯이 피어나 억척의 삶을 붙잡고 늘어지지만
날마다 난 푸르름을 노래합니다
슬픈 계절이 오면
먼 하늘을 길 잃어 떠돌다가
남쪽 마을 순이네 뜨락에 숨듯 내려앉아
고운 손길에 꽃을 피워 짙은 향을 드릴 수 있다면
더없는 행복일 테니까요

풀잎의 노래

장에 가신 아버지
오늘은 뭘 사 오실까
기대 부풀어 어귀에 마중 나간 철부지
키보다 큰 억새 숲 사이로 뽀얀 햇살 받으며
언덕배기에 쪼그려 앉아
멀리 산길을 눈이 빠지도록 기다린 날
노닐다가 풀 섶에서 잠이 들면
잠자리 친구들 하늘 가득 맴돌고
옆을 지켜주던 복실이
잠든 아들 사뿐히 안고
행복의 장단에 구성지게 부르는 정선아라리
어느 틈에 잠깨어
지개뒤에 걸터앉아 따라 부르던 아라리 가락
그토록 좋아하시던 가슴에 품던 고향의 소리
아라리 따라 못 가시고 타향에 잠든 애끓음에
흥건히 고여 오는 그리움
가슴을 짓이기는 고향 초
생각마저 아련히 멀어져갑니다

화가와 고뇌

물감 나뒹굴어
적막 살아 숨 쉬는 붓과 공허사이
마음의 눈치를 살피며
깊은 생각은 가식을 짓밟는다
고뇌와의 전쟁
어둠에 감춰진 환희
그리움의 회상
도깨비 떼에 수 없는 난도질을 당하며
진흙 속에서 진주를 캔다 한들
음미하는 감동의 소릴 들을 때까지
무언의 전율을 부르짖으며
손마디 짓물러 피로 물들어도
다시 잘라내야 했을 인고의 저편
얼룩진 상처 아픔이 놀려대는 반복된 희열
생명마저 불어넣은 혼신
그 끝에는
보석처럼 반짝이는 눈망울들

회색 세월

도심에서 평생을 살았으니
여기가 고향이겠지
어눌한 강원도 말씨는 산골 티를 벗지 못하고
떠나야지 하면서도
60여년을 이곳에서 살고있는 무지
1·4후퇴 때 떠내려와
추억 한점 둘 새 없이
몸뚱이 하나로 부대껴온 고향 아닌 고향
죽어야 갈 수 있을까
발광을 치듯 살아온 세월
이렇게 사는 것도 욕심이었나
검은 달
가슴 속에 숨긴 눈물
짓눌린 생을 너털웃음 지우며
가야지 이젠 가야지 말로만 중얼거리다
기우는 조각달 아래
다시 꺼내 본 소중한 그리움마저
어느 멍청한 놈이 가져가고 없다

짝사랑

인쇄일 2019년 5월 15일
발행일 2019년 5월 20일

지은이 김종문
펴낸이 박철수
펴낸곳 도서출판 해암

등록번호 제325-2001-000007호
주소 부산시 중구 백산길 17, 삼성빌딩 702호
전화 051)254-2260, 2261
팩스 051)246-1895
전자우편 haeambook@hanmail.net

값 13,000원

ISBN 978-89-6649-168-1 03810

* 이 도서의 국립중앙도서관 출판예정도서목록(CIP)은 서지정보유통지원시스템 홈페이지(http://seoji.nl.go.kr)와 국가자료공동목록시스템(http://www.nl.go.kr/kolisnet)에서 이용하실 수 있습니다. (CIP제어번호: CIP2019018506)